Llàtzer Moix Jordi Puig

Costa Brava

Alt Empordà · Baix Empordà · La Selva · Girona

+ Le « Triangle Dalinien »

TRIANGLE BOOKS

Cala Canyers

Cala Estreta

Costa Brava

Alt Empordà · Baix Empordà · La Selva · Girona

+ Le « Triangle Dalinien »

Costa Brava

Calella de Palafrugell

Costa Brava

La Costa Brava se définit aisément comme un littoral de roches sculptées par le vent et la mer, couvertes d'un tapis de broussailles et de pins qui se contorsionnent jusqu'à sentir la caresse des vagues. Gris, bleu, vert et blanc : ce sont les couleurs d'une Costa Brava qui bénéficie de kilomètres de plages d'un sable fin, mais dont le caractère est surtout déterminé par une succession interminable de criques et de recoins insoupçonnés.

L'aspect de la Costa Brava varie selon les saisons, mais garde sa beauté tout au long de l'année. Un après-midi d'hiver pluvieux à Cadaqués, un coup de tramontane hérissant la Méditerranée en face du Cap Creus, une matinée de soleil éclatant sur les îles Medes, au sud du Cap Begur ou en n'importe quel coin de cette côte sauvage qui descend jusqu'à Blanes, constituent un spectacle inoubliable, sans entracte, en représentation continue, ouvert à tous ceux qui veulent le contempler et dont l'unique protagoniste est la nature. Les vues rassemblées dans ce guide constituent un avant-goût du trésor que propose le littoral de la côte de Girona, en bonne partie encore à découvrir.

Costa Brava est le nom donné à la région touristique qui s'étend sur le littoral de Girona, à l'extrémité nord-est de la Catalogne. Ses limites géographiques sont formées, au nord, par la frontière avec la France et, au sud, par la ville de Blanes (à quelques 60 km de Barcelone). Elle englobe donc les façades maritimes des régions de Alt Empordà, Baix Empordà et La Selva.

La Costa Brava fut baptisée de ce nom au début du xxe siècle par Ferran Agulló, en raison de son relief escarpé, caractérisé par les massifs qui s'étendent jusqu'au rivage de la Méditerranée, là où alternent criques aux formes douces, et plages aux dimensions très variées. La beauté naturelle et la clémence du climat —les températures moyennes estivales tournent autour de 23°, l'humidité est limitée grâce à la Tramontane— convertirent cette zone en un centre touristique dans les premières décades du siècle passé. D'abord arrivèrent de petits groupes d'estivants occasionnels, nationaux ou étrangers, ensuite on commença à édifier des résidences privées et par conséquent, s'établit une colonie d'habitués. À partir des années 1960, la Costa Brava fut le théâtre d'un important processus de transformation afin de répondre à la demande croissante et d'assurer son rôle en tant que centre touristique des plus populaires d'Europe.

Par suite de cette massification, la Costa Brava est aujourd'hui une destination classique dans le monde touristique. Lloret ou Platja d'Aro sont des localités qui comptent des centaines de milliers de visiteurs par an. Cadaqués est reconnu comme étant un des plus charmants villages côtiers du littoral méditerranéen. La Réserve Marine des îles Medes, en face de L'Estartit, est apprécié des amateurs de tout le continent comme un paradis pour la pratique des sports de plongée. Depuis déjà un siècle, Tossa de Mar a été fréquenté par de grands artistes... El Port de la Selva,

Pla de Tudela, Cap de Creus

le Parc Naturel du Cap Creus, Roses, Empuriabrava, L'Escala, Begur, Tamariu, Llafranc, Calella, Palamós, S'Agaró ou Sant Feliu sont aussi, entre autres, des endroits de la Costa Brava bien connus qui forment partie de l'éducation sentimentale de plusieurs générations d'Européens.

Mais malgré sa tradition et sa longue histoire, la Costa Brava est encore une zone qui réserve des surprises au visiteur disposé à la découvrir dans son ensemble, à celui qui ne se contente pas de limiter son séjour à la localité où il réside. Parce que, au-delà des noms mythiques déjà mentionnés, la Costa Brava reste attrayante dans son ensemble et mérite une visite, la plus longue possible, de son territoire. Seule cette visite —qui normalement se réalise par voie de terre, mais qui procure d'exquises satisfactions si elle s'effectue par mer— permet de prendre bonne mesure de la richesse et de la diversité de cette région.

Ce guide partage cette idée et souligne la diversité de la Costa Brava. La collection d'images est plus qu'éloquente mais un témoignage limité : d'une part par l'ampleur de la région, d'autre part par les dimensions plus réduites de cet ouvrage. Des textes dont le but est de familiariser le lecteur avec cette région et aussi de lui faire prendre conscience des charmes de la nature et des attraits de la région développés par les habitants, complétent l'information visuelle.

Sant Pol

L'Escala

Cadaqués

Palamós

Costa Brava

Alt Empordà

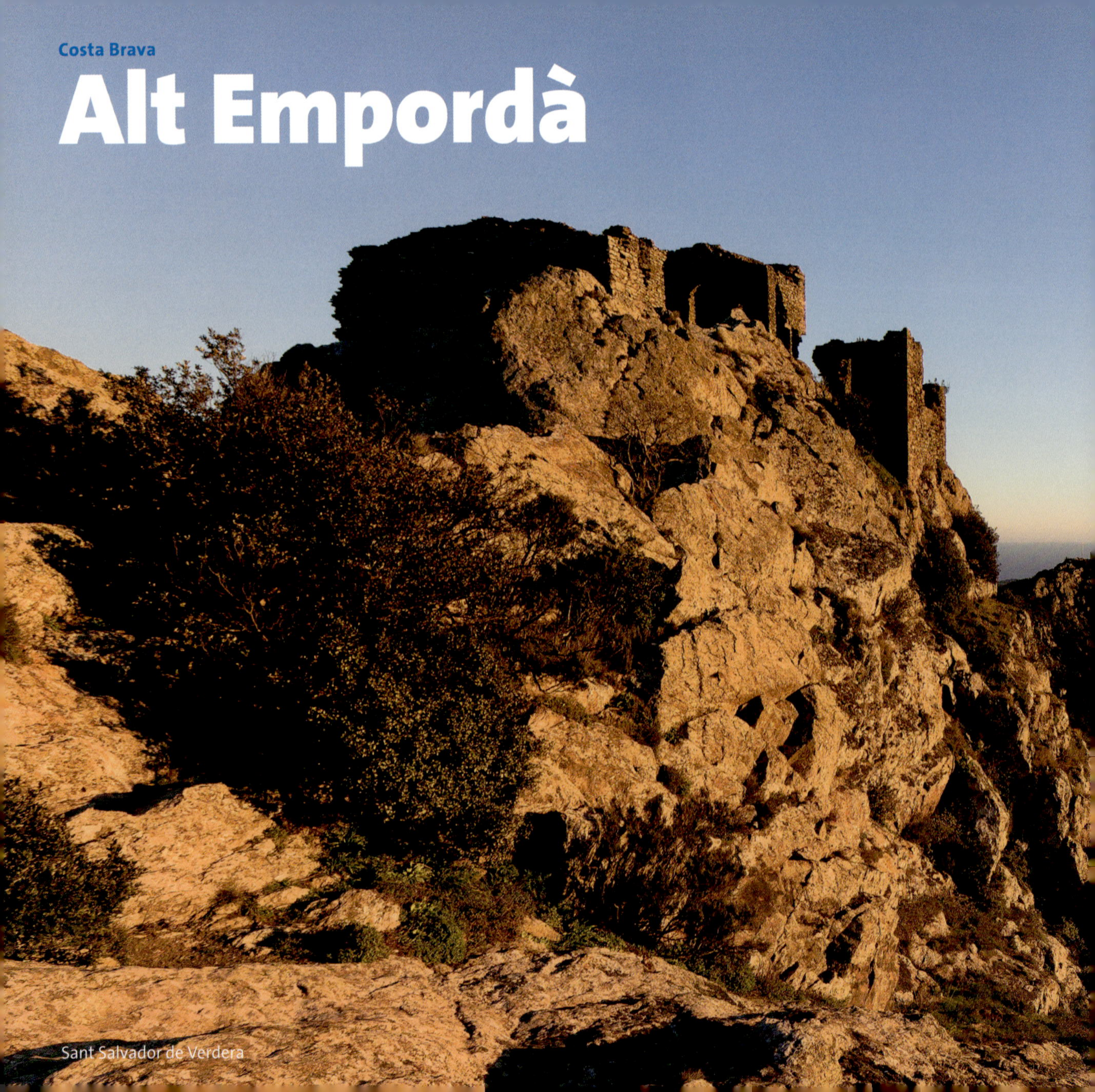

Sant Salvador de Verdera

Portbou | Colera

La ligne frontalière entre la France et l'Espagne arrive jusqu'à la Méditerranée à la Pointe de l'Ocell, à Portbou. C'est l'extrémité nord de la Costa Brava, un littoral accidenté qui se prolonge sur environ une centaine de kilomètres et dont la limite sud est marquée par la localité de Blanes. Portbou est —de même que Cerbère, la ville française voisine— un nœud de communications et une ville frontière où la gare ferroviaire et la mer constituent les éléments essentiels. Ici, la côte est d'une couleur brune qui se retrouve parfois dans la couleur du sable des plages. On doit mentionner les plages Gran, du Claper et aussi, au sud, à l'entrée de Colera —où il est recommandé de visiter l'ermitage de Sant Miquel, datant du XIIe siècle— celles de Les Barques et Garbet.

Portbou

Colera

Plage de Garbet, Colera

AUTIC LLANÇA

Llançà

Llançà et le port de Llançà, distincts à l'origine, se sont fondus en une seule localité par suite de l'éclosion du tourisme et, par conséquent, de l'accroissement de la ville. L'ancien centre urbain possède une belle église baroque, celle de Sant Vicenç. Le quartier du port, équipé d'installations portuaires modernes, où sont amarrés les bateaux de plaisance et la flotte de pêche, se situe en face de la Plage du Port.

Au nord, au-delà du torrent de Valleta, on trouve une succession de lotissements autour des plages de Grifeu, Canyelles et Bramant jusqu'à la pointe de Cap Ras qui ferme la baie de Grifeu. À l'autre extrémité, au-delà du port, l'îlot d'El Castellar, artificiellement rattaché à la terre ferme, offre une vue panoramique spectaculaire sur Llançà dans son ensemble.

Port de Llançà

El Castellar

Plage du Port

El Borró

Bramant

El Port de la Selva

El Port de La Selva possède une baie splendide, un village marin aux beaux contours, un port et une constellation de criques d'une âpre beauté le long de la côte qui le relie au Cap de Creus. Coin tranquille, apprécié par des écrivains tels que Foix et Sagarra, El Port de La Selva jouit d'un emplacement abrité, sous la protection du monumental monastère de Sant Pere de Rodes. L'église de Santa Maria de les Neus, les terrasses fréquentées en permanence de la rue del Mar et le phare de la Pointe de S'Arenella qui offre une vue extraordinaire, méritent une visite. La navigation en direction du Cap de Creus en passant par El Golfet —Cala Galera, Talabre, Tavallera...— face à l'île et à la Cala de Portaló, à l'île et à la Cala de Culleró, la Cala Culip, l'île S'Encalladora et Massa d'Or est tout simplement mémorable.

La Ribera

3 BA 4 1488

Cala Tavallera

Cala Tamariua

Cala Prona

Sant Pere de Rodes

Ensemble monumental dont les premières constructions datent du Xᵉ siècle, Sant Pere de Rodes est l'un des joyaux romans de la Catalogne. Perché sur la montagne, face à la mer, il constitue une belle preuve de l'habileté des moines —des Bénédictins en l'occurrence— à édifier leurs retraites dans un environnement d'une beauté saisissante. Les visiteurs devront garer leurs véhicules à une certaine distance et marcher en direction du monastère en empruntant un sentier qui est en même temps un majestueux mirador sur la Méditerranée.

Dans l'enceinte, on remarque l'église —sa nef rassemble de beaux arcs, des chapiteaux et des vestiges de peintures murales— le clocher de style lombard et le cloître du palais abbatial. Depuis les ruines du château situé au-dessus du monastère, le panorama est impressionnant. Après avoir quitté Sant Pere, les amoureux de l'architecture pourront visiter le monastère de Sant Quirze de Colera.

Sant Pere de Rodes

El Cap de Creus

Vue du ciel, la péninsule du Cap de Creus semble le dernier coup de griffe que les Pyrénées lancent avant de s'enfoncer dans la mer.

Cette zone de terrains rocheux, de falaises, de petites criques et d'eaux transparentes, souvent balayée par la Tramontane, constitue depuis 1998 le Parc Naturel du Cap de Creus. Il s'agit du premier parc de Catalogne à la fois maritime et terrestre et qui s'étend sur 13 886 hectares, les trois quarts de cette superficie étant terrestres et le reste maritime. Il touche les communes de Cadaqués, El Port de la Selva, La Selva de Mar, Llançà, Vilajuïga, Pau, Palau-saverdera et Roses. Si dans sa partie terrestre le Parc réunit des trésors comme Sant Pere de Rodes, c'est dans sa partie maritime —de la pointe Bol Nou (El Port de la Selva) à la pointe Falconera (Roses)— qu'il offre un cadre idéal pour des balades le long des côtes, la navigation, la plongée ou la baignade.

Cap de Creus

Cala Culleró

Cala Jugadora

Cova de s'Infern

Pla de Tudela >

Cadaqués

Cadaqués est probablement la ville de la Costa Brava qui, avec le plus de bonheur, a réussi à préserver sa physionomie traditionnelle. Située face à une vaste baie, au sud du Cap de Creus mais séparé edu reste de la civilisation par une chaîne montagneuse que couronne El Pení (605 m d'altitude), Cadaqués a vécu jusqu'à la première moitié du XXe siècle dans une notable autonomie, se consacrant au soin des oliveraies, à la pêche et au commerce maritime. Par voie de terre, Roses ou le El Port de la Selva voisin se trouvaient loin, par-delà un sentier dissuasif où virages et dénivellations se succédaient. La tradition cite le cas de marins de Cadaqués qui connurent l'île de Cuba avant de connaître la ville de Figueres.

Cet isolement, dans un cadre de garrigues et d'ardoise, de verts et de gris lustrés par une lumière particulièrement aveuglante, s'est révélé une bénédiction pour Cadaqués. La silhouette blanche de la ville formée par des constructions d'une hauteur discrète, couronnée par l'église de Santa Maria —avec son clocher, son humble rosace et les cyprès plantés près du porche— a survécu au passage du temps jusqu'à presque devenir l'image de marque de la ville. Derrière cette façade, brodée de plusieurs plages et de criques, se cache un Cadaqués aux rues rétrécies et en pente, rustiquement pavées, jalonnées de bancs et de jardinières. Un Cadaqués riche en ombrages, en rumeurs et bouillonnant du temps qui arrête sa marche. Sans doute, ce fut ce double rôle de ville pittoresque, paisible et, en même temps, maritime et ouverte vers l'extérieur, qui fit de Cadaqués un lieu de

Église de Santa Maria

Plage Gran ›

7 BA5-182-94

Phare de Cala Nans

réunion pour les artistes et les intellectuels de toute la planète.

En tête, Salvador Dalí, dont le père était originaire de cet endroit. Dalí invita García Lorca et Buñuel, ses compagnons d'études à Madrid, à partager ses vacances d'été à Cadaqués. Plus tard, il construisit son propre refuge dans la baie de Portlligat et fut l'amphitryon d'artistes surréalistes (Paul Eluard, André Breton...). Picasso, Duchamp ou John Cage entre autres sont parmi les créateurs qui résidèrent ici avec plus ou moins d'assiduité.

Fruit de cette attirance qu'elle a exercé et qu'elle exerce toujours sur les artistes, Cadaqués bénéficie d'une quantité inhabituelle de galeries d'art pour une agglomération de cette taille, et de deux musées : le Musée de Cadaqués et la Maison-Musée Salvador Dalí, à Portlligat. De même, Cadaqués offre chaque été à ses visiteurs —qu'ils soient bourgeois aisés de diverses nationalités ou touristes nomades près de la stèle de Jack Kerouac— un festival international de musique. Malgré ces attraits, complétés par un choix gastronomique appréciable et par un chapelet de bars au parfum de bohême (Marítim, Boia, Melitón, Café de La Habana, L'Hostal...), Cadaqués atteint toute sa grandeur depuis la mer. Pour une excursion maritime vers le Cap de Creus la baie de Cadaqués, que ferme au sud le phare de Cala Nans, c'est le point de départ idéal. Le parcours en direction du nord —dont la première escale à ne pas manquer est Portlligat— se révèle être un pur délice : une succession de criques où brille la beauté minérale de l'ardoise. Jonquet, Guillola, Bona, Jugadora et Fredosa sont les noms de quelques uns de ces recoins, sur une route qui mène jusqu'au Cap de Creus, présidé par son phare exposé à tous les vents. Le retour à Cadaqués illuminé par la lumière du crépuscule, en fin d'après-midi, apporte une image de beauté que l'on ne peut comparer qu'à celle de l'aube.

CALLS
RTLAND
88

Sa Conca

Port Doguer

Carrer Portal del Mont

Roses

Roses, qui clôt le golfe auquel la ville donne son nom, abritée par le Puig Rom (225 m d'altitude) et par la péninsule de Cap de Creus, jouit d'une situation qui depuis longtemps est du plus grand intérêt. Déjà, au IVe siècle avant J.C., elle attira une colonie grecque (*Rhode*). Ensuite elle abrita une colonie romaine et, plus tard, fut une enclave stratégique convoitée à l'époque du comté d'Empúries. Au XVIe siècle, le roi Carlos Ier fit construire, au sud de la ville, une importante citadelle dont les ruines fortifiées peuvent encore se visiter. Outre sa valeur stratégique, Roses a toujours été une ville à la population nombreuse où il est possible de mener une vie tranquille —à l'image du littoral qui s'étend vers le sud— et en même temps active, comme le prouvent son statut de principal port de pêche de la zone et son secteur touristique.

Outre le port de pêche avec la vente aux enchères du poisson, Roses offre aussi au visiteur des centres d'intérêt archéologique, comme le château de La Trinitat (à côté du phare, à la pointe de La Poncella). À l'intérieur des terres, au-delà du mirador du Puig Rom, on trouve des vestiges d'un camp wisigoth et le dolmen de La Creu d'en Cobertella qui fait partie du plus grand ensemble monumental mégalithique de Catalogne.

Le circuit vers la côte nord passe entre villas et appartements par les plages de Canyelles Petites et L'Almadrava. Ensuite, le rythme des constructions diminue jusqu'à ce que le visiteur arrive en dans endroits d'une austère beauté, comme Cala Montjoi, le Cap Norfeu ou Cala Jóncols.

Fête patronale d'été, *Els Miquelets*

Promenade maritime

Santa Margarida

Canyelles Petites

Cala Jóncols

Cala Montjoi

Cala Rostella

Empuriabrava

L'accroissement de la navigation de plaisance dériva à cet endroit en une offre immobilière très séduisante pour les amoureux des sports nautiques : une résidence secondaire équipée, dans le jardin devant la maison, d'une place de parking pour la voiture, et d'un point d'amarrage pour l'embarcation à l'arrière du bâtiment. On a atteint cet objectif en édifiant un ensemble urbain impressionnant sur le territoire de Castelló d'Empúries, à côté de la rivière Muga, où le tracé des routes se combine avec celui des canaux navigables. Du port de plaisance situé à l'extrémité nord de l'ensemble urbain, partent deux canaux principaux qui se ramifient ensuite pour créer un réseau complémentaire d'une vingtaine de canaux de moindre importance, qui mettent à profit les caractéristiques d'un terrain à l'origine marécageux. On obtient ainsi un effet de style Venise sans renoncer à la circulation automobile.

Empuriabrava

Aiguamolls de l'Empordà

Il arrive parfois que les rêves deviennent réalité. Il y a un quart de siècle, un groupe de jeunes écologistes luttait, malgré des perspectives incertaines, pour obtenir la déclaration de zone protégée. Aujourd'hui, ce Parc Naturel —grâce à une loi datant de 1983— des Aiguamolls de l'Empordà est une incontournable destination pour les amateurs de *bird watching*, et par ordre d'importance, le second parc de cette sorte en Catalogne. 4 721,5 hectares au total —dont 824,5 considérés comme réserve naturelle intégrale— sont protégés pour que les espèces très variées d'oiseaux qui le fréquentent (cigognes, hérons, flamants, canards, milans, vautours, aigles, faucons, etc.) se trouvent en lieu sûr. Le Parc, qui s'étend de Roses à Sant Pere Pescador, est divisé en trois zones qui reflètent les conditions de vie d'autres habitats naturels.

Clot dels Burros

La Llarga

Aiguamolls de l'Empordà

Sant Pere Pescador

Sant Pere Pescador, situé à deux kilomètres de la mer, au centre du golfe de Roses, organise ses activités des deux côtés de la rivière Fluvià. L'antique noyau urbain se développe sur la rive gauche, et le port de plaisance sur la rive droite. Ville d'agriculture et d'élevage, Sant Pere Pescador prête une grande attention au tourisme, en particulier à celui qui fréquente les divers campings essaimés près de la très longue plage locale. Cette plage de sable qui s'étend de Sant Martí d'Empúries à l'embouchure de la Fluvià est un endroit idéal pour la pratique du windsurf et du kitesurf, comme le démontrent de nombreux surfeurs quand la Tramontane souffle fort.

Dans la large partie terminale de la rivière, qui abrite des recoins d'une beauté languide, telle l'île de Caramany, on pratique le ski nautique tout au long de l'année.

Plage de Sant Pere Pescador

Empúries

Les ruines d'Empúries, à quelques mètres de la mer, réunissent des vestiges grecs et romains, et constituent un des plus riches ensembles archéologiques du pays. Une colonie grecque de Phocée fonda au Vᵉ siècle avant J.C. le premier établissement, connu alors sous le nom de *Palaiapolis*. Le même groupe établit ensuite *Neapolis*, enclave archéologique admirée de nos jours. Plus tard s'installèrent des Ibères et, à partir de 218 avant J.C., des troupes romaines construisirent un camp qui, au fil du temps, se transforma en base principale pour la colonisation de l'Hispanie. De ce gisement, fouillé depuis le début du XXᵉ siècle, on a mis à jour le réseau urbain d'Empúries ainsi que des murailles, des édifices, des sculptures, des mosaïques, des quais et un abondant outillage dont une partie est exposée au musée qui complète cet ensemble archéologique de premier ordre.

Plage du Moll Grec

Ruines d'Empúries

Ruines d'Empúries

L'Escala

L'Escala, à l'origine un humble quartier de pêcheurs situé à l'extrême sud du golfe de Roses, est aujourd'hui une importante agglomération dont la zone d'influence s'étend de Cala Montgó (au sud) à Sant Martí d'Empúries (au nord).

La partie ancienne de L'Escala est aménagée autour de la plage de Les Barques, flanquée par celle d'En Perris. Ce noyau urbain où l'on remarque un grand choix d'hôtels et de commerces et où survivent les pittoresques magasins typiques de salaisons d'anchois a grandi dans toutes les directions et, de préférence, sur le front de mer.

La montagne boisée de Montgó, actuellement couverte de lotissements qui sont reliés aux habitations entourant le port de La Clota où est amarrée la flotte locale est aussi une belle preuve de cette croissance. Néanmoins, cette densité de construction tranche fortement avec les environs sauvages et les falaises très élevées qui s'étendent au sud de Montgó, avec l'impressionnant point de vue de la Punta del Milà, sur la route de L'Estartit, formant un ensemble d'une grande beauté qui garde tous les charmes de la nature. Depuis La Clota, en direction du nord, on arrive à la grande plage de Riells. El Codolar, avec sa longue promenade maritime, unit Riells au vieux centre urbain.

Au nord de L'Escala passe une des plus belles promenades de la Costa Brava, d'à peine deux kilomètres de long, qui attire passants, cyclistes et patineurs. Ombragée par des grands pins —souvent vaincus par le vent ou déracinés des dunes instables oú ils sont plantés— cette promenade serpente sur un caracté-

La Riba Petita

Plage de Les Barques

CARAVE

Anchois de L'Escala

Port de La Clota

ristique tapis d'asphalte rougeâtre dans les odeurs de résine et de salpêtre. D'un côté se succèdent les plages —Rec, Portitxol, Convent, Sant Martí— et les vestiges du quai grec, de l'autre côté, un hôtel accueillant, les ruines d'Empúries, des champs cultivés bordés de pins et de cyprès et, sur une hauteur, la belle enceinte médiévale fortifiée de Sant Martí d'Empúries, avec ses vieilles constructions rangées autour d'une place qui, en plus de sa belle et sobre église, est occupée par deux terrasses bruyantes donnant pendant la belle saison de la vie à l'ensemble.

Cette promenade de L'Escala à Sant Martí permet au visiteur de retrouver un paysage ou, pour mieux dire, l'essence d'un paysage qui éblouit, il y a plus de deux mille ans, les navigateurs grecs qui fondèrent la colonie d'Empúries.

Cala Montgó

Plage del Portitxol

Les Muscleres

Peralada

L'histoire de Peralada, ville contigüe à Vilabertran, remonte aux débuts du second millénaire quand elle prit la tête de son propre comté. Célèbre par ses vins et ses mousseux, Peralada surprend le voyageur par le bon état et l'harmonie de son ensemble médiéval bien préservé. En le visitant, il faut faire une halte dans le cloître roman du couvent de Sant Domènec, au couvent gothique du Carme et à l'église Sant Martí où se mêlent les deux styles. Peralada a conservé aussi plusieurs demeures seigneuriales, vestiges du prestige social de la ville à des époques passées. Parmi celles-ci, on distingue surtout le château de Peralada en parfait état. Une bonne partie de ses dépendances abritent actuellement un casino, et ses jardins sont chaque été le cadre d'un des plus ambitieux festivals de théâtre et de musique qui se déroulent en Catalogne.

Vilabertran

Vilabertran, petite localité située au nord de Figueres, jouit d'une renommée méritée pour son église-collégiale Santa Maria, impressionnant ensemble monumental où se superposent des styles architectoniques avec une grâce et un équilibre inhabituels : les constructions se prolongèrent ici depuis le début du Xe siècle jusqu'au XIXe siècle. Cet ensemble, édifié par ordre des augustins, est remarquable de par sa belle église romane dont les absides sont un exemple d'harmonie et un cloître de même style également d'une facture heureuse. Autour de l'église s'élèvent d'autres bâtiments qui complètent ce cadre monumental : des fortifications militaires et plusieurs dépendances civiles grâce auxquelles on peut suivre l'évolution des habitudes quotidiennes tout au long des siècles. L'ensemble, endommagé par les événements guerriers au cours de l'Histoire, a été bien restauré.

Sant Llorenç de la Muga

Sur le flanc des Pyrénées, très près de la ligne frontalière avec la France, Sant Llorenç de Muga est un havre de paix encadré par un ensemble médiéval. Dès son arrivée, le visiteur bute, extra-muros, sur les ruines du château local, du XIIIe siècle. Dans l'enceinte urbaine, à laquelle on accède par une herse, on remarque l'église de Sant Llorenç (XIIe siècle) qui est dotée d'éléments de défense et d'une imposante tour carrée. L'architecture fortifiée est un trait constant dans cette localité comme le prouvent, les segments de fortifications, quelques-unes crénelées, et les tours intégrées dans la muraille ou bien solitaires comme la Tour de Guet qui se dresse sur une colline de l'autre côté du fleuve Muga. Sant Llorenç attire chasseurs et pêcheurs et c'est aussi un excellent point de départ pour des excursions en montagne.

Castelló d'Empúries

Capitale du comté d'Empúries, noyau du pouvoir régional au Moyen-Âge, Castelló conserve parfaitement les traces de ses splendeurs passées. Sa basilique de Santa Maria, considérée à juste titre comme la cathédrale de l'Ampourdan, paraît aujourd'hui trop importante pour une localité de six mille habitants, mais d'un point de vue historique elle trouve toute sa raison d'être. Cette église présente un porche gothique superbe, orné des statues sculptées des douze apôtres. A côté se dresse le clocher, vestige d'un édifice religieux roman élevé au début du second millénaire. L'église se compose de trois nefs dans lesquelles se trouvent des chapelles, des rétables et les tombeaux des comtes Malgaulí et Hug. En outre Castelló bénéficie d'un canevas urbain harmonieux où l'on remarque la Mairie, le Museu Parroquial ou la Casa Gran, exemple élégant du gothique civil, ainsi que l'ancienne farinière qui est aujourd'hui l'Eco-Museu.

Costa Brava

Baix Empordà

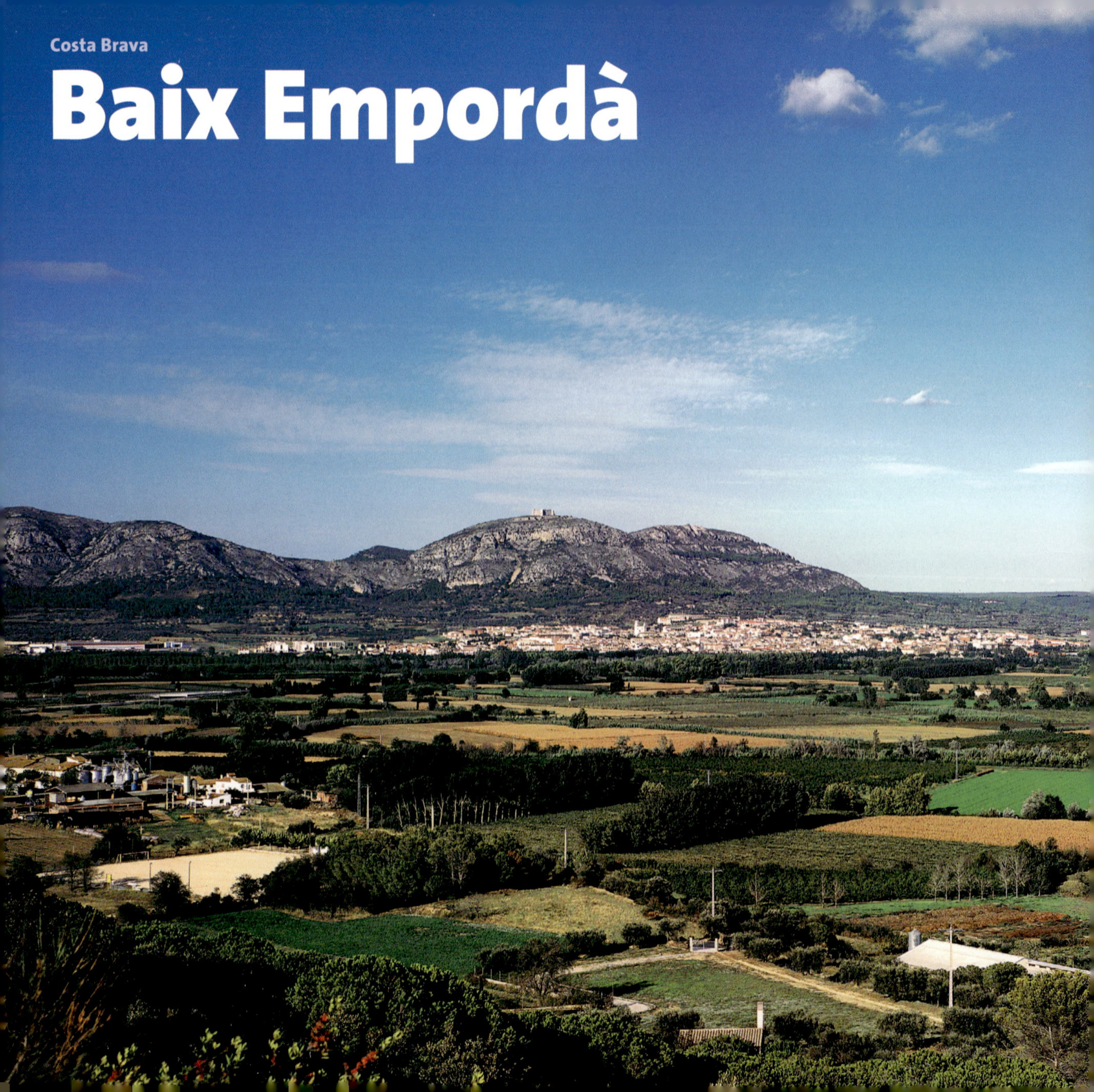

ESTHER II
3ª BA-5-1480
Fiera del Mar
3ª BA-5-830

L'Estartit

L'Estartit présente trois grandes particularités : elle se trouve face à l'archipel des Medes —sept îlots enclavés à un mile nautique de la côte— se déploie à l'ombre de Roca Maura, une masse de pierre arrondie, et bénéficie de kilomètres de plages, par lesquelles on arrive à l'embouchure du Ter et du Daró et aussi jusqu'à la localité de Pals.

L'Estartit dispose en arrière-plan de vastes étendues de terrain —la plaine qui l'unit à Torroella de Montgrí, commune dont il dépend— et d'une généreuse façade maritime. Ces deux faits ont conditionné son histoire récente. Le premier parce qu'il a permis d'édifier de nombreux lotissements, des hôtels, des appartements, des villas, et, par voie de conséquence a transformé L'Estartit en une populaire destination de vacances. Le second, parce qu'il a favorisé la construction —et les agrandissements successifs— d'un vaste port de plaisance où les vieux bateaux de pêche qui, il y a trente ans, régnaient sur un quai solitaire, occupent de nos jours un espace résiduel du port. A cela s'ajoute que la transformation, en 1990, de la zone des Medes en parc naturel a promu l'archipel en destination rêvée pour les plongeurs de toute l'Europe.

Le nombre de plongées quotidiennes autorisées aux Medes est d'environ quatre cent. En observant le trafic maritime du port on peut dire que ce chiffre est souvent dépassé. De plus, autour des Medes naviguent divers bateaux à la coque percée de vitres permettant de contempler les fonds marins. Tout cela est dû au fait que la protection de l'environnement a favorisé une spectaculaire régénération de la flore et, plus particulièrement, de la faune —mérous, congres, loups de

Mérou brun (*Epinephelus marginatus*)

mer, rougets, sargues, etc.— qui fréquente les eaux des îles Medes (pour ne pas parler de la surface des îles, jadis repaire de corsaires, et où maintenant nichent des centaines de couples de mouettes). La visite de ces îles est à ne pas manquer, de même que longer la côte en barque vers le nord, depuis la pointe écimée d'El Molinet et les falaises impressionnantes qui se dressent à son côté jusqu'au tunnel navigable de La Foradada.

Tous ces reliefs côtiers appartiennent, comme les îles Medes, au massif de Montgrí dont la hauteur la plus caractéristique est à Torroella, ville avec un extraordinaire festival musical d'été, d'importants vestiges architecturaux médiévaux et une collection d'art contemporain. Il s'agit du mont couronné par le château de Montgrí, édifié aux XIIIe et XIVe siècles, dont les impressionnants murs crénelés sont, après restauration, en bon état et méritent bien une visite.

Tascó Gros

Pals

La ville de Pals, jadis tant célébrée pour ses rizières, présente trois centres urbains différents. L'un est la localité proprement dite au pied de la route qui unit Torroella de Montgrí à Begur. L'autre est sa façade maritime, au-delà d'Els Masos de Pals, avec sa grande plage, ses lotissements, ses campings et son golf. Le troisième centre est le quartier médiéval du El Pedró construit sur la colline qui domine Pals. Cette enceinte, restaurée avec amour autour de l'église gothique de Sant Pere, est remarquable de par son architecture sauvée de la destruction et spécialement de par la vue panoramique de 360° qu'elle offre. L'écrivain Josep Pla avait l'habitude d'amener ses invités au Pedró pour leur faire admirer la richesse et la variété de sa région, devant un paysage qui s'inscrit des Pyrénées aux terres agricoles du Baix Empordà en plus de la vaste étendue maritime dominée par les îles Medes.

El Pedró

Carrer Major

Begur

La zone urbaine de Begur est établie sur les flancs d'un promontoire que couronne un château édifié au XVIIe siècle sur les vestiges d'une construction féodale. Begur, paisible petite ville qui conserve toute sa saveur traditionnelle, est aussi la localité-mère des petits centres côtiers de population qui entourent le Cap de Begur : Sa Riera, Aiguafreda, Sa Tuna, Fornells, Aiguablava... Sa situation en hauteur lui permet de jouir d'une vue sensationnelle sur les îles Medes et sur la plage de L'Estartit (et même jusqu'au golfe de Roses les jours où l'atmosphère est particulièrement limpide). Pendant des années centre de la pêche du corail, aujoud'hui disparue, Begur possède un centre urbain charmant où la vie discrète et bourgeoise est le résultat de son activité actuelle et également l'héritage laissé par les émigrants locaux qui, au retour de leur aventure américaine, édifièrent les maisons qui donnent à la ville son style particulier.

Begur

Plage d’En Gotes

Illa Roja

Sa Riera

Sa Riera correspond à un schéma de transformation urbaine très fréquent dans cette partie de la Costa Brava. A l'origine, c'était une plage sur le sable de laquelle s'échouaient les barques des pêcheurs et, à côté, se construisirent des petites cabanes et des hangars pour y garder les engins de pêche. La beauté de la côte —couverte de pins jusqu'à la limite de la mer qui en cet endroit est d'un bleu intense— provoqua la transformation des constructions rudimentaires en résidences secondaires disposées en grappes qui n'ont pas trop altéré la paix de jadis. Celles qui maintenant occupent le pourtour de cette enclave sont des habitations en général unifamiliales, souvent discrètes. Au nord, Sa Riera avoisine la plage de Pals, mais avant de l'atteindre on rencontre la plage nudiste de Illa Roja à laquelle on accède par un joli chemin côtier. Un sentier similaire qui offre une vue non moins spectaculaire relie, en direction du sud, le Cap sa Sal.

Sa Riera

Sa Tuna

L'enchantement provoqué par Sa Riera se répète, encore plus puissant à Sa Tuna. Située au sud de Cap sa Sal et de Cala Aiguafreda, Sa Tuna reçoit d'une façon accueillante le visiteur qui arrive par voie de terre par une route sinueuse qui serpente entre les pinèdes ou celui qui arrive par mer et entre dans sa rade par l'embouchure marquée par les pointes de Les Vaques et Es Plom, cette dernière étant située au bout d'un brise-lame naturel. Tout en Sa Tuna respire le recueillement et la mesure humaine. Les dimensions réduites de sa plage sablonneuse paraissent l'avoir immunisée contre le virus de la croissance démesurée. La côte nord présente des constructions littéralement suspendues au-dessus de la mer. Face à elles serpente un chemin de ronde qui conduit jusqu'à Aiguafreda. Un sentier du même genre mène, par le sud, vers la plage de S'Eixugador.

Chemin de ronde

Aiguablava

L'élément le plus caractéristique d'Aiguablava est, de nos jours, le Parador National du Tourisme, bel édifice blanc, stylisé, situé, depuis les années soixante, sur le rocher de la pointe d'Es Mut, qui protège l'extraordinaire plage d'Aiguablava, idéale de par son orientation pour contempler le lever du soleil. L'endroit est paradisiaque, comme le sont les criques voisines de Ses Herbes, d'Es Tramadiu ou la zone des criques Cabres et Marquesa avec les îlots de Cap de Mort et Sa Roncadora qui renforcent jusqu'à l'infini la physionomie caractéristique de la Costa Brava. De même que le sont Aigua Xelida ou Fornells, autrefois exemple parfait du coin éloigné des rumeurs du monde, où arriva Josep Pla, peut-être le meilleur connaisseur de cette zone, quand il décida de se retirer de la scène publique à la fin de la Guerre Civile espagnole. On peut se promener, le long de la mer, d'Aiguabrava à Tamariu.

Fornells

Cala Marquesa

Aigua Xelida

Tamariu

Avec Llafranc et Calella de Palafrugell —séparées par un morceau, relativement peu peuplé de la côte ainsi que par le cap de Sant Sebastià— Tamariu fait partie du trio des grandes plages de Palafrugell (ville très active consacrée à l'industrie du liège, au commerce et au tourisme). Tamariu est la plus petite de ces trois localités. On la connaît en tant que plage mais elle pourrait être aussi qualifiée de crique par sa taille qui s'accommode parfaitement à l'échelle humaine. L'ordonnance simple et réussie de son tissu urbain, entourant une langue de sable entre pins et tamaris, ne fait qu'augmenter le charme de cette petite ville. A pied, à partir de Tamariu, le marcheur peut visiter d'autres criques d'une remarquable beauté comme Pedrosa ou Gents.

Aiguadolça

Llafranc

Llafranc clôt une des zones les plus sauvages de la Costa Brava (celle qui, au nord, débute par la plage de Racó à Pals) et se distingue par son recueillement et par la discrétion de ses constructions, qui font d'elle une petite ville bruyante l'été, sans la transformer en un désert froid et sans charme quand arrivent les mois d'hiver. Elle bénéficie d'un port —aux dimensions modérées aussi— et d'une vue incomparable du haut du phare perché sur le Cap de Sant Sebastià. Depuis ses installations, dans lesquelles fonctionnent maintenant un hôtel et un restaurant, on peut admirer la côte en direction du sud (Llafranc, Calella, la pointe de Forcats, Cap Roig, Cap de Planes, etc.), observer l'intérieur des terres vers Palafrugell, laisser le regard se perdre dans l'immensité bleue de la Méditerranée... Sur une pente verte, se détachent, altiers, les agaves.

Llafranc

Calella de Palafrugell

Les arcades blanches et accueillantes du Port Bo constituent l'enclave centrale de Calella de Palafrugell, face à la plage, aux barques et à la mer, et représentent aussi un des éléments les plus caractéristiques de la Costa Brava, dans cette ville qui a su conserver, en dépit de sa croissance, une identité architecturale.

A la différence de Tamariu ou de Llafranc, Calella ne dispose pas d'une unique plage mais de plusieurs à cause de la présence sur son littoral d'écueils qui divisent les plages en plusieurs tronçons. La plage la plus grande est celle de Canadell à partir de laquelle on peut entreprendre une promenade vers la tour de Calella (XVIe siècle) et en suivant un beau chemin côtier, arriver à Llafranc. Aux environs de la plage de Port Bo —qui malgré ses dimensions réduites attire chaque année, en juillet, des dizaines de milliers de personnes à l'occasion du traditionnel festival de habaneras— se situent celles de Port Pelegrí, Sota Calau, Port de Malaespina et Sota de Sant Genís.

Au sud de Calella —jusqu'à Cala de la Fosca, déjà au voisinage de Palamós— s'étend une des plus grandes zones de la Costa Brava encore à l'abri de l'occupation urbaine. Un sentier non asphalté qui traverse la masse boisée recouvrant ce morceau de côte vierge assure l'unique accès à des coins de rêve comme le Jardin Botanique de Cap Roig ou, sur le rivage, El Golfet, Cala Massoni, Cala del Vedell, Cala El Crit, Cala Font Morisca, Cala Pomes... Il s'agit d'une région littorale tout indiquée pour la navigation et la pratique de la plongée sous-marine.

Port Bo

Habaneras à Calella

Port Bo

El Canadell

El Crit

El Golfet

Cala Estreta >

Palamós

Palamós est une des grandes villes portuaires de Catalogne, la troisième après Barcelone et Tarragona, bien que sa population soit bien inférieure en nombre à celles des deux capitales provinciales ci-dessus mentionnées. La vieille ville est construite sur un large éperon rocheux qui se termine par la Punta del Molí où se dresse le phare de Palamós. La ville a construit ses deux ports au sud et au nord de cette saillie. D'un côté le port commercial ainsi que le port de pêche (où la très animée bourse des mareyeurs met aux enchères les prises effectuées la nuit antérieure par la puissante flotte locale). De l'autre côté sont amarrées les embarcations de plaisance. Palamós s'est agrandie d'une façon ordonnée dans toutes les directions : vers le sud, le long de la plage Gran, la plus grande de la ville, vers l'intérieur, en direction de La Bisbal et du nord.

Etant donné sa tradition historique —ce fut au Moyen-Âge une des bases de l'expansion catalane en Méditerranée vers l'Italie et la Grèce— sa position centrale sur la Costa Brava et la diversité de ses activités, Palamós bénéficie depuis longtemps de toutes sortes de services. Parmi ses centres d'intérêt on peut noter l'église de Santa Maria del Mar, le Cau de la Costa Brava-Musée de la Pêche (intéressantes collections de tableaux, de pièces, d'objets en céramique, etc.). De même, le marché dominical en plein air est remarquable, c'est l'un des plus animés et colorés de la région.

A côté de cet aspect urbain, Palamós a su conserver —et suit dans cette voie grâce à de groupes écologistes— des tronçons de côte qui ont gardé l'intégrité, la pureté et la saveur d'antan.

El Carme, Port de Palamós

ATIX

Palamós

Cela saute aux yeux à partir de La Fosca (au nord du Cap Gros), longue plage divisée par la dite roche Fosca, enclave l'été des familles de Palamós et de Girona. Dépassant la pointe de Sant Esteve, toujours en direction du nord, on arrive à Cala S'Alguer, délicieux endroit sans voitures, où les vieilles cabanes de pêcheurs ont été reconverties, à peine sans retouches, en résidences secondaires en suivant le chemin de ronde côtier, on atteint la plage de Castell, large espace sablonneux sans constructions, exception significative dans cette zone et objet d'un long litige où s'affrontent conservateurs de la nature et promoteurs immobiliers (jusqu'à maintenant, le contentieux est en faveur des premiers).

En dépassant la Pointe de la Corbetera, d'autres merveilleuses criques d'accès pédestre attendent le visiteur, où les pins, nés entre les roches, embrassent la mer, comme à cala Sanià, Canyers, Estreta et bien d'autres.

Musée de la Pêche

Sa Foradada

Plage de Castell

Sant Antoni de Calonge

Sant Antoni de Calonge se trouve à à mi-chemin entre Palamós et Platja d'Aro. C'est le noyau maritime de Calonge, un des premiers établissements de la région, aux vestiges préhistoriques, ibériques ou romains, et qui possède un château médiéval. Sant Antoni s'étend le long de la plage, qui dessine une courbe douce et en fait une destination touristique familiale. La Torre Valentina qui protégea cette localité de l'incursion des pirates reste debout et c'est un de ses constructions emblématiques.

Plage de Sant Antoni

Torre d'en Garrigó

Plage Rovira

Cap Roig

Plage de Can Cristos

Cala Belladona

Sa Cova

Platja d'Aro

Après avoir laissé derrière nous Palamós et Sant Antoni de Calonge, on arrive à Platja d'Aro la localité suivante assez importante sur la côte. Comme pour d'autres enclaves situées près d'une plage aux dimensions exceptionnelles, Platja d'Aro se convertit, à partir d'un petit noyau d'habitations à peine existant au début du XXe siècle, en un agglomérat d'édifices hôteliers élevés ou d'appartements qui, aujourd'hui, donnent de l'ombre, même aux heures inadéquates, à ses plages de sable fin.

Comme à Lloret de Mar, Platja d'Aro a quelque chose de Las Vegas, de gigantesques installations au service des loisirs, ici non pas en relation avec les jeux de hasard, mais simplement avec les vacances, et qui sont dotées d'un réseau impressionnant de services. Les spectaculaires enseignes lumineuses et les réclames de toutes sortes qui jalonnent la large avenue principale de la localité, en sont la preuve.

La foule ne fut pas toujours le signe distinctif de Platja d'Aro. La longue ceinture de sable —deux kilomètres— aujourd'hui un des centres du tourisme de masse, se situe paradoxalement très près du Cap Roig, un rocher piloté par des pins intrépides qui s'enfonce dans la mer, seulement uni à la terre par un isthme sablonneux de peu d'importance. Cet endroit constitue un paradigme de ce que furent les meilleurs coins de la Costa Brava. Un point de rencontre entre la terre et la mer, discret et réservé, où malgré certaines constructions, on retrouve encore de nos jours l'ambiance qui, il y a environ un siècle, attira les premiers estivants étrangers. Quand le visiteur se promène dans la région, les motifs de cette attirance sont par-

Port d'Aro

Sa Conca

faitement compréhensibles. Toute la frange côtière qui s'étend de Torre Valentina (voisine de la plage de Sant Antoni de Calonge) jusqu'à la roche du Cavall Bernat (qui touche déjà la plage Gran de Platja d'Aro) répond aux meilleures et plus caractéristiques spécificités de la Costa Brava : un terrain rocheux et couvert de pins qui descendent vers la mer sur des versants abrupts.

Dans ce site qui peut être parcouru entièrement par un spectaculaire chemin côtier se cachent quelques endroits d'une beauté inhabituelle, mais pas toujours d'un accès facile, où les constructions humaines ont été édifiées avec une certaine sagesse. En ce sens, il suffit de mentionner la plage de Treumal, celles de Cap Roig, de Belladona, de Canyers, d'En Ros, del Pi, de Sa Cova...

De l'autre côté de la plage Gran, au-delà de la marina de Port d'Aro (qui propose un exemple peu fréquent de port de plaisance intérieur), Cala de Sa Conca est remarquable par ses dimensions.

Cala del Pi

S'Agaró

Dans un coin certainement privilégié de la Costa Brava, S'Agaró commença à prendre forme dans la décade des années 20, avec une vocation de construction d'habitations de haut standing. Des architectes très réputés à l'époque —Masó, Florensa, Folguera— se chargèrent de réaliser les plans des édifices de S'Agaró qui, souvent, mettent en valeur la sérénité et l'élégance du *Modernisme*. Outre son hôtel mythique —La Gavina— ses splendides résidences, ses miradors, ses balustres et de nombreux services, S'Agaró bénéficie aussi d'un plan très réussi d'aménagement général des espaces verts.

Enfin, on doit à nouveau mentionner le très beau chemin littoral dominant la mer, soigné dans les moindres détails et qui serpente de la Pointe d'En Pau (proche de la plage de Sant Pol aux caractéristiques villas du début du XXe siècle) jusqu'à Sa Conca.

S'Agaró

Sant Feliu de Guíxols

Sant Feliu de Guíxols est un des plus grands centres de population de la Costa Brava. L'industrie du liège et le trafic maritime cimentèrent son processus de croissance, spécialement à partir du XIXe siècle. Le tourisme vint renforcer, en ce dernier demi-siècle, la prospérité de la ville. Sant Feliu s'étend d'une façon ordonnée vers l'intérieur mais sa façade est maritime et s'allonge en face de la plage de l'agglomération, du Club Nautique et du port dont la jetée ferme presque complètement la baie.

L'ermitage de Sant Elm, sur le monticule du même nom, offre une belle vue panoramique méditerranéenne et permet aussi un large coup d'œil sur Sant Feliu. La ville réunit des éléments architecturaux intéressants et variés. Le plus important est probablement le Monastère Bénédictin de Sant Feliu où l'on peut admirer le porche pré-roman de la Porta Ferrada. Il faut aussi remarquer le moderne Théâtre Municipal, et de pittoresques édifices du début du XXe siècle situés sur la promenade maritime, parmi eux, le Nuevo Casino La Constancia de style arabisant et d'une couleur abricot caractéristique.

En direction de Santa Cristina d'Aro, on tombe sur Pedra Alta, une spectaculaire roche oscillante. Le parcours —25 pénibles kilomètres— par la route qui la relie à Tossa, résumé conceptuel de la Costa Brava, une route pleine de virages, fatigante et jalouse de ses indescriptibles et merveilleux coins secrets, mérite aussi l'attention du voyageurs.

Ermitage de Sant Elm

Plage de Sant Pol

Sant Feliu de Guíxols

Cap de Mort

La Porta Ferrada

Casino La Constancia

CASINO
Hotel Coral

Cala Ametller

Cala Giverola

Cala Maset

Cala Canyerets

Cala Salionç

Peratallada

La roche sur laquelle s'asseoit cette localité dut être creusée pour y édifier maisons et murailles. D'où son nom qui vient de *pedra tallada*, « pierre taillée ». Le vieux centre urbain a un indiscutable air médiéval et est dominé par le château de Peratallada et son enceinte fortifiée. Ce château comprend plusieurs tours entre lesquelles on remarque, à cause de ses dimensions et de sa prestance, la Tour de l'Hommage dont la base est quadrangulaire. La ville jouit aussi d'une belle place à arcades, dont les édifices qui ont résisté au temps conservent un parfum d'époque. A l'extérieur de l'enceinte de Peratallada se trouve l'église romane de Sant Esteve. Aux alentours on rencontre d'autres îlots de paix où dominent les travaux agricoles, loin de l'agitation du littoral : Vulpellac, Sant Feliu de Boada, Sant Julià, Palau-Sator...

Ullastret

Ullastret possède un beau centre médiéval (avec des vestiges de murailles) dont la structure est parfaitement visible et a même été mise en valeur après un travail de restauration urbaine —pavement des rues, réhabilitation des espaces publics, éclairage public, etc.— effectué selon des critères modernes et respectueux. La ville bénéficie, en outre, de monuments d'intérêt comme l'église romane de Sant Pere et la place de La Llotja, mais l'attrait principal d'Ullastret est son village ibérique fondé vers le Ve siècle avant J.C. par les autochtones, presqu'au moment où les Grecs fondaient Empúries. Ce village fut découvert dans les parages immédiats d'Ullastret —sur la colline de Sant Andreu— en 1948, et fouillé les années suivantes, se révélant de suite comme un des principaux gisements archéologiques de son époque par la qualité et la complexité de ses vestiges.

La Bisbal d'Empordà

Après Girona et Figueres, La Bisbal est la principale localité située à l'arrière plan de la Costa Brava. La route qui la traverse —souvent encombrée— est une vitrine de l'industrie céramique locale. Matériel de cuisine, carrelage, jardinières, jarres — olorés du bleu, vert, jaune typiques— se déploient sur les trottoirs très encombrés par les acheteurs tant nationaux qu'étrangers. Riche grâce à son agriculture —céréales, vin, huile— et par son élevage, La Bisbal conserve dans son enceinte urbaine quelques éléments dignes d'être mentionnés. Sans aucun doute, le principal est le Château-Palais des évêques de Girona, actuellement siège des Archives Historiques Régionales. Les *voltes* (arcades) de l'artère centrale de la ville et l'église baroque de Santa Maria, face à laquelle se trouve un petit marché de rue, sont aussi dignes d'intérêt.

Verges

Chaque année, dans la nuit du Jeudi au Vendredi Saint, des milliers de personnes envahissent les étroites rues de Verges pour assister à une procession pendant laquelle on danse « la danse macabre », un rituel d'origine médiévale où se mêlent le religieux et le profane, la truculence et la fête. Cette procession est transformée en spectacle —auquel ne manquent ni les soldats romains, ni les personnages, ni les tableaux bibliques— par un groupe de danseurs gainés d'un maillot sur lequel on a dessiné un squelette humain. Masqués d'une tête de mort, armés de faux, de banderoles mortuaires, d'horloges et d'inscriptions sur lesquelles on lit la sentence latine *tempus fugit*, les danseurs —peut-être vaudrait-il mieux dire les sauteurs— parcourent la ville en rappelant la brièveté de l'existence. Verges, dont l'église Sant Julià et Santa Basilisa est remarquable, vit, une année après l'autre, en cette froide nuit, une expérience troublante.

Costa Brava

La Selva

Tossa de Mar

Tossa de Mar

Tossa de Mar offre une des silhouettes les plus caractéristiques de la Costa Brava grâce surtout à la vieille ville entourée de murailles crénelées qui se dresse en haut du Cap de Tossa. Ces murailles datent du XIIe siècle et les maisons qu'elles protègent furent construites en majorité à partir du XVe siècle. En dépit de leur âge vénérable et des coups de la mer et du vent, les trois grandes tours cylindriques qui donnent son identité à l'ensemble —accompagnées par d'autres de moindre volume— se maintiennent en bon état.

Rien qu'en arrivant à Tossa le visiteur se sent irrémédiablement captivé par cette vieille ville en constants et amoureux processus de restauration. Les rues paisibles et en pente qui la sillonnent, souvent rafraîchies par l'abondance des plantes qui occupent parterres et jardinières ou grimpent le long des vieux murs de pierre à côté des porches en bois sculpté, réservent une infinité de plaisirs visuels.

L'ensemble urbain, établi sur un versant qui regarde vers le nord, d'une agréable couleur locale, est sans nul doute responsable de l'attirance que Tossa a exercé, même avant l'éclosion de la Costa Brava, sur une légion de peintres et d'artistes qui —comme Marc Chagall ou Yves Klein— la fréquentèrent et y ouvrirent un atelier. Dans le Palais del Batlle, édifice gothique de la vieille ville, le Museu Municipal conserve le témoignage du passage de bon nombre d'entre eux.

Depuis les murailles de la Vila Vella —qui, en son point culminant conserve les ruines d'une église gothique du XVe s.— on jouit d'une vue splendide sur

Plage Gran

Vila Vella

Ses Illetes

Tossa dans son ensemble, ainsi que d'une promesse de trésors innombrables sur la côte nord. Plus particulièrement, d'en haut, on peut admirer dans toute son extension la Vila Nova qui a grandi extra-muros et qui aujourd'hui, regroupe le gros des possibilités hôtelières et des services que la ville a développés pour satisfaire aux besoins de ses visiteurs toujours plus nombreux.

Située après la plage de Tossa de Mar (ou plage Gran), sur le sable de laquelle s'ébattait Ava Gardner pendant le tournage de *Pandore et le Hollandais errant*, la Vila Nova a su grandis avec discrétion et sans perdre sa touche locale. La plage Gran, déjà citée, est complétée au nord par celle de Mar Menuda. A partir de ce point débute la route qui conduit à Sant Feliu, enchaînement de virages sans une miséricordieuse ligne droite, que nous avons déjà mentionné au chapitre précédent. Elle serpente à travers un des plus beaux paysages côtiers de la région. L'emprunter par une matinée ensoleillée, si possible en hiver afin qu'elle soit déserte, face à une mer paisible d'argent liquide étincelant, est une expérience inoubliable. C'est, en outre, en y circulant que l'on accède à un chapelet de criques solitaires, inconnues du grand public et d'une extraordinaire beauté.

Par la route de Tossa de Mar à Sant Feliu de Guíxols, on arrive par exemple à Cala Pola ou à la très discrète Cala Giverola. Malgré sa vaste étendue aucun panneau n'en mentionne l'accès depuis la route, comme si elle aspirait avant tout à préserver son calme. On trouve aussi Cala Futadera, Cala Salionç où le mélange des chênes verts et des pins annonce un changement de zone, ou la longue et étroite bande de sable de la plage du Senyor Ramon, celle de Canyerets, Cala Joana... sans oublier, le long d'une autre route, les plages au sud de Tossa, certaines si belles comme celle de Llorell.

Torre del Castell

Es Codolar

Carrer de l'Abat Oliva

Cala Futadera

Cala Pola

Plage de Llorell

Cala Figuera

Plage de Canyelles

Cala Bona

Cala Morisca

Lloret de Mar

Lloret de Mar constitue un des principaux phénomènes d'urbanisme touristique de la Costa Brava. Il reste très peu de choses du paisible village côtier d'autrefois, situé face à la splendide plage que limitent la Punta de Sa Caravera et Sa Caleta, sur laquelle se dresse le caractéristique château d'En Platja. Une des destinations de prédilection des tours operators de toute l'Europe occupe actuellement cet endroit où, par un curieux processus de mimétisme, apparaissent des quartiers urbains spécifiques des différents pays communautaires (Grande Bretagne, Allemagne, Pays-Bas) afin de rendre plus commodes et plus familiers les séjours touristiques dans cette localité. C'est comme cela que le Lloret vierge du début du XXe siècle a laissé passage à une population d'une composition diffuse et à des réclames rédigées en diverses langues, raisons pour lesquelles chaque printemps et chaque été y transitent des centaines de milliers de touristes désireux de profiter au maximum de quelques jours de divertissement à des prix plus qu'économiques.

Lloret possède divers éléments architectoniques remarquables comme sa large promenade maritime parallèle à la plage et bordée de palmiers à la svelte silhouette, son église de Sant Romà (remarquez son portail gothique et son rétable), sa mairie de style élisabethain au bout de la promenade maritime déjà mentionnée ou le bronze *Dona Marinera* tourné vers la mer, sur les rochers d'El Rompent. Aux alentours le château de Sant Joan à Fenals ou l'ermitage de Santa Cristina qui s'érige entre les plages de Santa Cristina et de Treumal, méritent une visite.

Sa Pastera

Église de Sant Romà

La ville dispose aussi d'équipements que ne possède aucune autre localité de la Costa Brava, tels qu'un casino, le Museu del Mar et, sur le chemin de Vidreres, un splendide parc aquatique.

Le site occupé par Lloret était très beau et d'une grande délicatesse avant sa monstrueuse transformation. Dans une certaine mesure, il l'est encore. C'est une évidence quand on parcourt les vastes segments de la côte —riche en recoins— qui entoure cette ville cosmopolite. Au sud de Lloret on peut visiter des criques comme celles de Treumal ou Santa Cristina, la plage de Sa Boadella et la crique d'En Serrahima. Entre ces deux dernières, et avant celle de Fenals, s'étendent les jardins de Santa Clotilde, beau refuge végétal autour de la demeure du même nom.

Au nord, les endroits littoraux magnifiques de cette localité sont encore plus abondants. D'abord la crique d'Els Frares et celle d'En Trons qui apportent une première dose de paix après la massification régnante sur la grande plage de Lloret ; au-delà, après la pointe d'Els Cabdells, des endroits comme Cala Tortuga, la spacieuse Cala Canyelles (équipée d'un petit port de plaisance), Cala Morisca, les plages de Porto Pi, celle de Llorell déjà citée, celles de Carles et de Llevador.

FOAM
KING

Sa Caleta

Dona Marinera

Plage de Santa Cristina

Plage de Treumal

Sa Boadella

Blanes

La Costa Brava, abrupte succession rocheuse qui se prolonge depuis la frontière avec la France, donne à Blanes ses derniers —ou si l'on préfère ses premiers— soubresauts. L'aspect lithique du paysage diminue peu à peu jusqu'à arriver à la Pointe de Sa Palomera, dernière expression d'un relief côtier qui, dans la région voisine du Maresme, plus au sud, s'aplanit définitivement. Village marin, avec une longue tradition de cabotage au XIXe siècle, Blanes présente une jolie baie semi-circulaire fermée au nord par un port de construction carrée. Blanes bénéficie d'une promenade maritime à l'ombre des pins et des platanes. Depuis les vestiges du château de Sant Joan, on profite d'une vue tranquille sur la ville. Sur cette hauteur même, on peut visiter les jardins botaniques Marimurtra. A ses pieds, au nord, veillent les criques Forcanera et de Sant Francesc.

À Blanes, en été, se déroule un des concours de feux d'artifice les plus importants d'Europe.

Ermitage de Sant Joan

Jardins Marimurtra

Cala de Sant Francesc

Sa Palomera

Costa Brava

Girona

Girona

A Girona, une des quatre capitales catalanes de province, confluent les rivières Ter et Onyar. Sur une trame historique faite de discrétion, de bien-être économique et de hauts-faits militaires, Girona est une ville monumentale qui a en son imposante cathédrale —à laquelle on accède par un perron non moins majestueux— le trésor le plus caractéristique. Dotée d'un cloître roman, d'une nef gothique et d'une façade baroque, l'église conserve en son intérieur des merveilles comme la tombe de Ramon Berenguer II et le trône de marbre de Charlemagne, en passant par la *Tapisserie de la Création*, une œuvre textile fabuleuse splendidement conservée.

Ville historique, ville pluvieuse et fière, Girona a fait l'expérience d'une transformation revitalisante et tonifiante durant ces dernières vingt années. Un des axes du changement a été le renforcement de son université, convertie en un pôle de développement tant économique que social et même urbain. Les vieilles murailles, reconstruites avec intelligence autour des installations universitaires situées dans les hauteurs de la ville, offrent un mirador inestimable. Contigü à ce site universitaire se trouve le *Call* juif réhabilité —un noyau de ruelles en pente autour de La Força et de l'édifice Isaac el Cec— qui s'est converti en destination touristique très prisée de la communauté juive internationale.

A Girona, la visite du splendide monastère de Sant Pere de Galligants est également recommandée —le monastère est le siège du Museu Arqueològic— ainsi que les visites de Sant Nicolau et Sant Feliu, des Bains arabes, du Museu de la Ciutat, du Museu del Cinema et aussi de La Devesa, vaste et paisible bosquet, lieu de promenade favori des habitants de Girona.

Tapisserie de la Création

Pujada de Sant Domènec

Sant Feliu

Carrer de la Força

Pont de les Peixateries Velles

Bains Arabes

Banyoles

La Catalogne compte plusieurs lacs, mais « la ville du lac » par excellence est Banyoles. Avec ses six kilomètres de périmètre, idéal pour la promenade ou pour un tour à bicyclette, et une superficie égale au tiers de celle de la ville, le lac laisse son empreinte sur le paysage et sur une partie des activités locales. Les brouillards le transforment en un décor magique. Ses deux kilomètres de long en font en un lieu idéal pour la pratique de l'aviron, sport qui a une longue tradition à Banyoles dont le couronnement a été sa élection comme second centre pour les Jeux olympiques de 1992. Ville millénaire, Banyoles possède de belles constructions comme le monastère de Sant Esteve (néo-classique, construit sur des vestiges gothiques) et la Plaça Major, avec ses arcades ; certains de ces édifices datent du XIIe s. Il ne faut pas manquer la visite du Museu Arqueològic.

Besalú

L'ensemble médiéval de Besalú, splendidement conservé, offre un contrepoint historique au paysage de la Costa Brava. Parmi les divers éléments architecturaux, on remarque son pont fortifié roman du XIe s., impressionnante construction incurvée dont les arches plantent leurs piliers dans la rivière Fluvià. Par ce point —qui n'est visible qu'en arrivant à Besalú, et que l'on peut admirer depuis les bains juifs appelés de *Mikwé* — on accède à une enceinte urbaine dont le principal centre d'intérêt est l'église Sant Pere, de style italianisant à la façade d'une grande sobriété sur laquelle se détachent les sculptures de deux lions ; elle possède un déambulatoire en son abside. De même, l'église Sant Vicenç laisse une impression de solidité ainsi que les galeries à arcades de la rue Tallaferro qui mènent au vieux quartier juif.

Olot

Olot, capitale de la région de La Garrotxa, place industrielle et commerciale active, aime se présenter comme la ville des volcans, non sans raison, car elle compte dans ses alentours jusqu'à 38 cratères. A plus de 400 m au-dessus du niveau de la mer, nichée dans un écrin de vertes vallées qui ont les Pyrénées pour toile de fond, Olot est à égale distance de Girona, Figueres, Ripoll et Vic. Cette situation privilégiée a stimulé sa force, a favorisé sa richesse et a déposé les sédiments d'une puissante tradition culturelle. A côté de son patrimoine architectural —limité quant à son ancienneté à cause des tremblements de terre du XVe siècle, bien que des éléments de valeur comme l'église Sant Esteve ou le cloître Renaissance du Carme aient résisté— Olot possède des musées d'intérêt remarquable. Le fleuron en est le Museu de La Garrotxa. Fief des peintres paysagistes de ce qu'on appelle « l'école d'Olot » qui a donné un certain renom à la ville et dont les œuvres sont exposées en compagnie de sculptures, entre autres de Clarà et Blay, et du célèbre tableau *La Càrrega*, de Casas.

Santa Pau

La visite d'Olot et de La Fageda d'en Jordà (hêtraie)se prolonge naturellement jusqu'à l'enceinte médiévale de Santa Pau par une douce et verte vallée jalonnée entre autres par les volcans du Croscat, Puig de la Costa, Santa Margarida, Roca Negra, Puig Subià, Simó, etc. Articulé autour de son château, le centre de Santa Pau se distingue par une architecture à l'arrière-goût pyrénéen que l'on note particulièrement dans la Plaça Major, ancienne place du marché aux bestiaux, caractérisée par une grande façade ornée d'une galerie d'arcades en pierre et d'une succession de balcons en bois sous sa corniche. Sur cette place se dresse aussi l'église gothique de Santa Maria. La situation en hauteur de Santa Pau offre un observatoire magnifique sur le paysage du Parc Naturel de La Garrotxa, seulement fracturé par la silhouette découpée de la Serra de Finestres.

Le « Triangle Dalinien »

Figueres

Théatre-Musée Dalí

Capitale de l'Alt Empordà, et aussi de la tramontane —le vent sec et tenace du nord qui épisodiquement balaie la région— Figueres est un remarquable foyer commercial, gastronomique —il faut s'asseoir aux tables de l'Hotel Empordà— et culturel, qui compte dans sa trame urbaine des équipements particuliers, parmi eux le Museu del Joguet avec sa collection de jouets historiques qui attire aussi bien les enfants que les adultes, le Museu de l'Empordà, et spécialement, le Théâtre-Musée Dalí, départ de la Route Dalí et authentique phénomène de masse dans la carte des musées espagnols.

Salvador Dalí fut l'enfant du pays le plus célèbre, mais Figueres est aussi la ville natale de Narcís Monturiol, précurseur du sous-marin. L'église Sant Pere et le château Sant Ferran figurent parmi les principaux monuments, bien que l'espace urbain le plus caractéristique soit la large Rambla, épicentre de la vie locale.

Le Théâtre-Musée Dalí, avec près d'un million de visiteurs par an, est un des musées les plus fréquentés de toute l'Espagne. C'est un ensemble culturel unique qui réunit une importante collection de pièces du peintre surréaliste et qui est en soi une étrange œuvre d'art. Au début des années 60, Dalí commença à caresser l'idée de construire un musée dans sa ville. A cette fin, il choisit l'édifice du théâtre local, construit au milieu du XIXe siècle et en ruines depuis 1939, date de la fin de la Guerre Civile en Espagne. Ce choix selon Dalí fut déterminé par trois faits : « Je suis un peintre théâtral, je fus baptisé dans l'église qui fait face au théâtre, et ce fut dans le hall de ce théâtre que j'exposai pour la première fois ». Sur les

Plaça Gala-Salvador Dalí

vestiges du théâtre, couverts par une coupole réticulaire transparente, le peintre dessina un musée qui fut ouvert au public en septembre 1974.

Ce musée réunit quelques 4 000 pièces dont 1 500 sont exposées : des peintures, dessins, sculptures, gravures, hologrammes, photos et une remarquable collection de joyaux « daliniens » qui constituent le dernier grand apport. A côté de ces objets, on remarque des espaces ainsi que des œuvres dessinées spécialement par le peintre, comme la salle Mae West qui reproduit en trois dimensions les trompe-l'œil qu'aimait tant Dalí, ou la Cadillac dans laquelle il pleut éternellement et qui est stationnée dans la cour du musée à l'emplacement du parterre de l'ancien théâtre. Des œuvres d'artistes estimés par Dalí pour une raison ou une autre complètent les collections de ce centre, par exemple El Greco, Bougereau ou Marcel Duchamp.

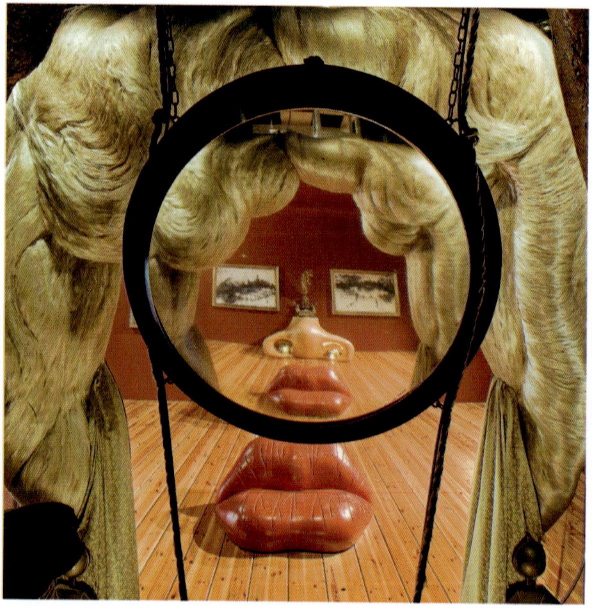

Salle Mae West

Bien que Dalí ait été tout au long de son existence un homme prodigue et généreux (ce qui contribua à la dispersion de son œuvre) le Théâtre-Musée réunit une collection admirable.

Le dernier domicile de Dalí fut Torre Galatea, à côté du musée. A sa mort en 1989, Dalí fut inhumé dans une crypte située sous le musée. Selon son souhait, il repose au cœur de la grande création artistique qu'il anima durant tant d'années.

TEATRE

Patio

Portlligat

Maison-Musée Salvador Dalí

Cette petite baie dépouillée au nord de Cadaqués, est le paysage « dalinien » par excellence : côtes d'ardoise couvertes de buissons résistant au vent face à une mer d'un bleu électrique. C'est la que s'installa Dalí en 1930, dans une simple cabane de pêcheur. Ici, il peignit de nombreux tableaux, immortalisant le paysage qu'il aimait le plus. Portlligat fut le véritable foyer de Dalí qui pourtant fréquentait Paris et New York, mais qui, invariablement, profitait du printemps et de l'été dans ce coin de Méditerranée. A la vieille cabane située près d'une oliveraie, s'ajoutèrent d'autres, jusqu'à former une enceinte, partie logement, partie atelier, partie scène de théâtre où Dalí accueillait sa Cour et recevait journalistes et visiteurs. Décorée d'une manière capricieuse, la maison de Dalí, deuxième jalon de sa route, est ouverte au public depuis 1997, mais, de par ses caractéristiques, seul de petits groupes de visiteurs ayant réservé à l'avance y sont admis.

Castor et Pollux

Maison-Musée Salvador Dalí

La Fontaine

Púbol

Maison-Musée Château Gala Dalí

Le paysage de Púbol, dans le Baix Empordà, à 40 kilomètres au sud de Figueres, est très différent, voire opposé à celui de Portlligat dont les côtes sauvages se voient remplacées par un paysage agricole doucement vallonné. Le château de Púbol, au centre du village du même nom, est le troisième maillon de la Route Dalí. Il l'est parce qu'en 1970, respectant ainsi une vieille promesse, le peintre acheta à son épouse Gala Diakonova cette construction édifiée aux XIVe et XVe siècles. Púbol fut, depuis, le refuge de Gala, son espace d'intimité, le théâtre de ses caprices dont l'accès était interdit à Dalí lui-même s'il n'avait auparavant prévenu de son arrivée.

Le château de Púbol est un édifice de trois étages situé à côté de l'église du village. Il possède une cour intérieure et un jardin à la française. Dalí et son épouse, qui l'achetèrent alors qu'il était presque en ruines, surent le restaurer en lui conservant son atmosphère romantique tout en lui imprimant leur style bien particulier : des sculptures d'éléphants et plusieurs bustes de Wagner, outre les peintures de Dalí, contribuent aujourd'hui à l'originalité de l'édifice.

Depuis 1996, la Maison-Musée Château Gala Dalí de Púbol est ouverte au public qui peut ainsi admirer les plafonds dessinés par Dalí, la collection de vêtements haute couture de Gala et, en particulier, connaître l'ambiance dans laquelle vécurent le peintre et son épouse.

La Salle des Blasons

Costa Brava

Alt Empordà · Baix Empordà · La Selva · Girona

+ Le « Triangle Dalinien »

Text
© Llatzer Moix

Photographies
© Jordi Puig
© pages 178-179, 180, 182, 184, 185, 186, 188, 189, 191, Jordi Puig / Fundació Gala-Salvador Dalí, 2015
Photographies autorisées par la Fundació Gala-Salvador Dali
© pages 24 (2), 53 (1), 54, 70 (1), 94, Vador Minobis
© page 68 (2), 132 (2), Ricard Pla
© page 81, Lluís Mas Blanch

Graphisme
Joan Colomer

Mise en page
Vador Minobis

Traduction
Jacqueline Novella

Imprimé par
Tallers gràfics Soler

Imprimé à Barcelone, 2015

DL-ME 380-2015
ISBN 978-84-8478-657-3

Triangle Postals
Sant Lluís, Menorca
Tél. +34 971 15 04 51
triangle@triangle.cat
www.triangle.cat

TRIANGLE BOOKS